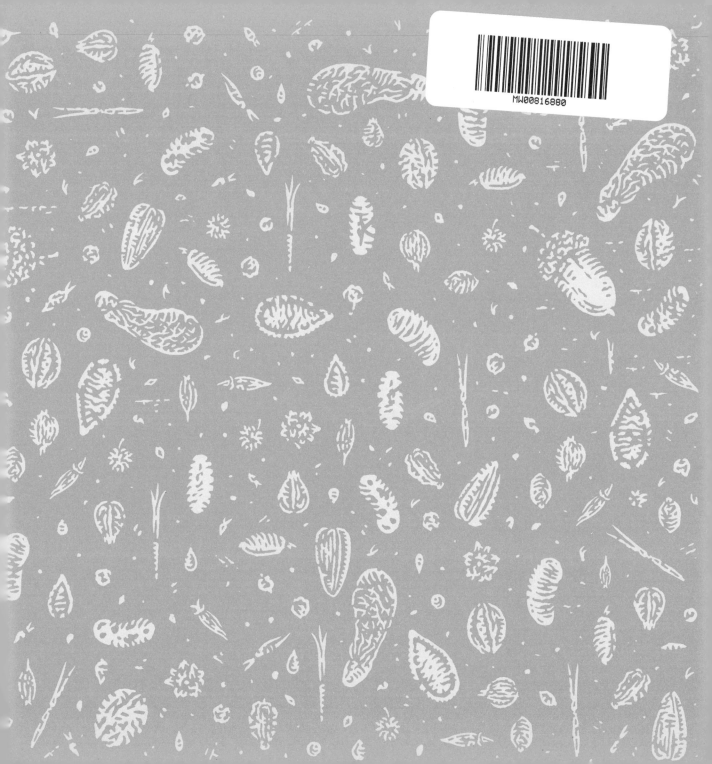

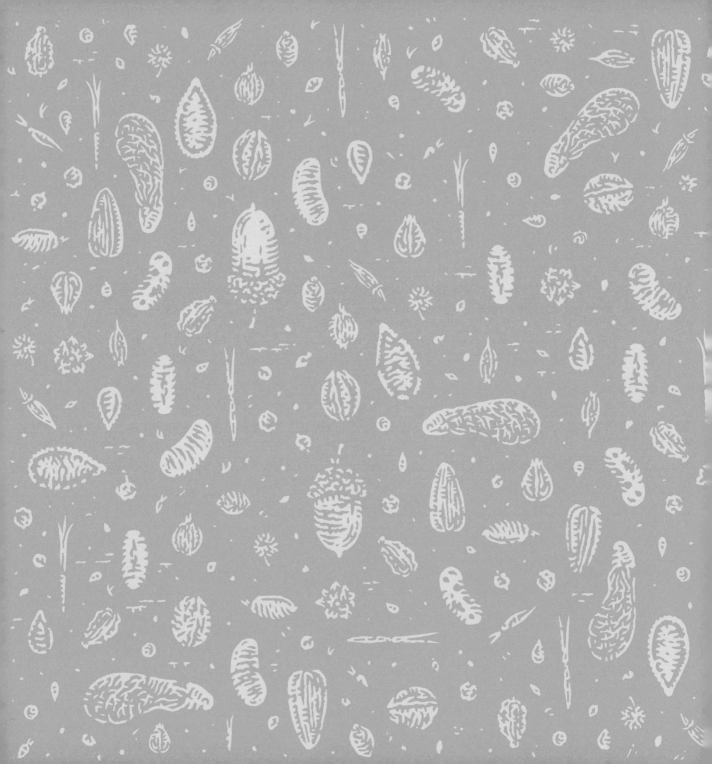

EL SEMBRADOR

SCOTT JAMES

ILUSTRADO POR STEPHEN CROTTS

Prólogo por Andrew Peterson

B&H Publishing Group
Brentwood, TN 37027

Diseño de portada: Stephen Crotts

Clasificación Decimal Dewey: C234
Clasifíquese: DIOS \ SALVACIÓN \ DOCTRINA TEOLÓGICA

ISBN: 978-1-0877-7613-2

Impreso en China
1 2 3 4 5 * 26 25 24 23

El
SEMBRADOR

ESCRITO POR

SCOTT JAMES

ILUSTRADO POR

STEPHEN CROTTS

ESPAÑOL
BRENTWOOD, TENNESSEE

Porque así como la tierra hace que broten los retoños,
y el huerto hace que germinen las semillas,
así el SEÑOR omnipotente hará que broten
la justicia y la alabanza ante todas las naciones.

ISAÍAS 61:11

PRÓLOGO

Cuando era niño, me encantaba la tierra. Cavaba zanjas para hacer pequeños ríos y cascadas, abría la manguera y miraba hasta que todo se convertía en un lodazal. De niño, me encantaban los árboles. Me sentaba en un rincón de raíces a leer o saltaba sobre montones de hojas rojas y amarillas. Cuando era niño, me encantaba la nieve. Me encantaban las puestas de sol y las lunas crecientes. Me encantaba ver el maíz mecido por el viento, y amaba el sonido de los truenos cuando ese viento se convertía en tormenta. La Biblia nos enseña que toda la creación fue hecha por Dios y le pertenece: Él la ama. Creo que se alegra cuando amamos la tierra, el agua, los árboles, la nieve y los truenos porque es como un jardinero que se deleita con nuestro deleite. Las palabras y los dibujos de este libro nos relatan una historia real sobre cómo Dios está haciendo nuevo el mundo (incluidos nosotros). Cuando termines de leerlo, sal a la calle, observa bien este mundo hermoso y caído, y alábalo por lo que está creciendo en nosotros y a nuestro alrededor. Planta algo en la tierra y observa lo que Dios hace. El reino de los cielos, dijo Jesús, es como una semilla. Tú también lo eres.

Andrew Peterson

Una vez hubo una voz en la oscuridad.
Llena de luz y de vida, era la voz del Sembrador.
Con una palabra, sembró semillas,
y creció un jardín.

Las raíces se adentraron en tierra nueva;
las ramas dieron fruto y fue bueno.
Siempre generoso, el Sembrador decidió compartir Su jardín;
con una palabra, sembró semillas y creció un pueblo.

Un hombre y una mujer crecieron
fuertes, como árboles plantados junto
a corrientes de agua.
Les gustaba oír la voz del Sembrador
porque Sus palabras daban vida.

Pero otra voz susurró en sus oídos,
diciéndoles que no debían confiar en el Sembrador.
Así brotó el primer fruto malo:
las personas dudaron de las palabras del Sembrador
y se preguntaban si verdaderamente era bueno para ellas.

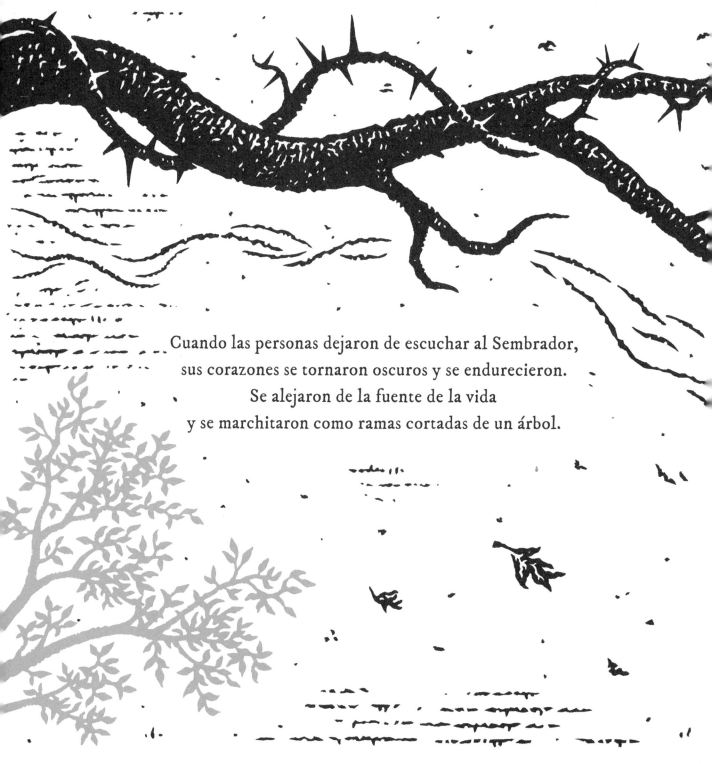

Cuando las personas dejaron de escuchar al Sembrador,
sus corazones se tornaron oscuros y se endurecieron.
Se alejaron de la fuente de la vida
y se marchitaron como ramas cortadas de un árbol.

La tierra se llenó de personas que amaban más el sonido
de su voz que la voz del Sembrador.
El pecado y la tristeza se hicieron más fuertes en la oscuridad y,
con ellos, el miedo y la vergüenza.
El sufrimiento se extendió y el mundo se convirtió
en una tierra seca e infructuosa.

Pero, como un agricultor fiel, el Sembrador continuó Su obra creadora.
Él sabía labrar el corazón de una persona como la tierra,
nutrirlo de luz hasta que brotara nueva vida;
y eso es justo lo que prometió hacer.

En una tierra estéril, el Sembrador envió Su poderosa
voz con semillas de esperanza.
Habló primero a través de mensajeros que anunciaron Su amor, y luego Él vino.
La Palabra se hizo carne y el Sembrador caminó entre nosotros.
Vino a sembrar y a trabajar la tierra con Sus propias manos.

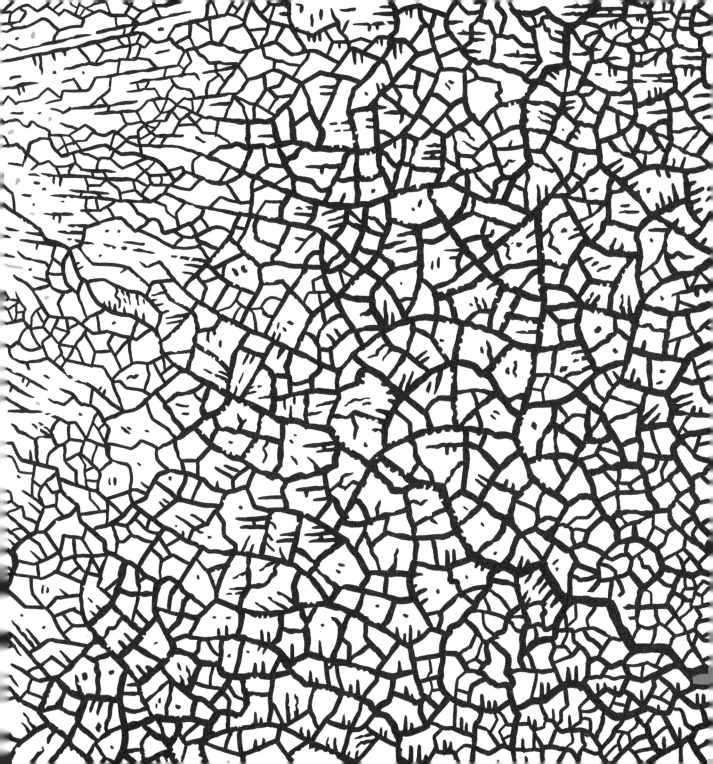

Para reparar a las personas rotas, para hacerlas completas de nuevo,
tomó su quebrantamiento y lo hizo suyo.
Se entregó a sí mismo y fue enterrado como una semilla en la tierra.

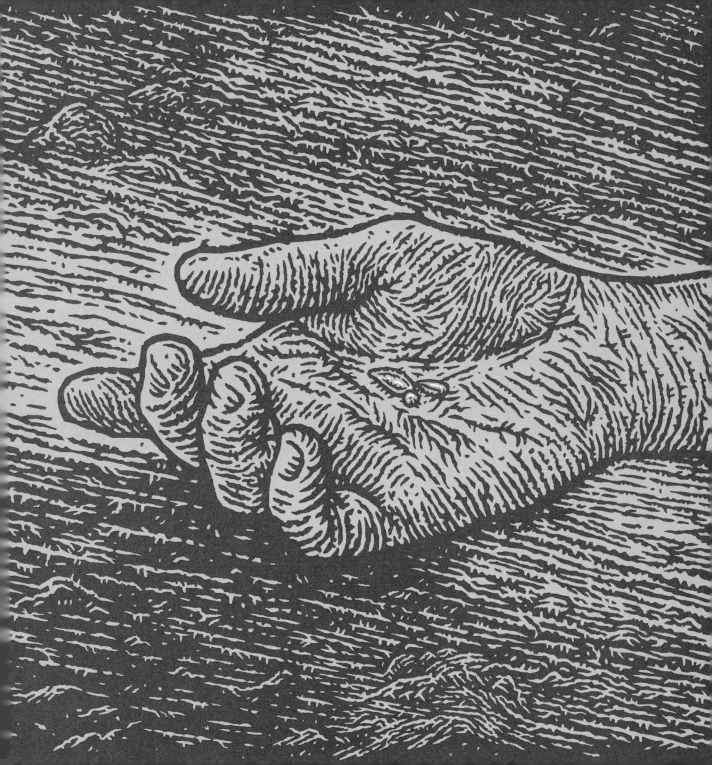

Pero, ¿qué hace una semilla plantada?
Con una palabra de poder, esta semilla
resucitó a una nueva vida,
abriendo camino para que Su pueblo resucitara con Él,
ramas frescas brotando de la vid.

Y así, el Sembrador cuidó de Su pueblo con esmero.
Abrió sus corazones y plantó Su voz en lo más profundo.
Con una palabra, sembró semillas
y crecieron los milagros: la fe, la esperanza y el amor.

Su voz brilló, trayendo nueva vida y, con ella,
frutos de dulce aroma de los que antes estaban marchitos.
A algunos corazones los abrió rápidamente, otros requirieron un doloroso surco,
pero la palabra del Sembrador traía sanidad dondequiera que la enviaba.

Las sequías seguían agrietando la tierra,
los vientos invernales cubrían de nieve dondequiera que soplaban,
pero los que vivían según la Palabra del Sembrador se mantenían firmes,
cobrando fuerza desde la raíz.

A su debido tiempo, el pueblo del Sembrador floreció
y envió la semilla de Su Palabra por todos los rincones de la tierra.
Redimidos por el Sembrador, también se convirtieron en sembradores:
sembraron, regaron y confiaron en que Él traería nueva vida.

Incluso ahora, el Sembrador llama con un poder maravilloso,
y el mundo canta en respuesta.
El jardín, antes perdido, se está rehaciendo.
Un día viviremos con Él allí,
y al escuchar el sonido de Su voz,
lo veremos cara a cara.

Porque Dios, que ordenó que la luz resplandeciera en las tinieblas,
hizo brillar su luz en nuestro corazón
para que conociéramos la gloria de Dios
que resplandece en el rostro de Cristo.

2 CORINTIOS 4:6